AF349584

EDICT DV ROY

PORTANT CREATION ET

establissement de trois ses Conseillers Gardes & Receueurs generaux du sel ; Trois aussi ses Conseillers Controlleurs generaux, vn Aduocat, vn Procureur de sa Majesté, & vn Greffier en chacun des mesurages à sel de Rouën, Caën S. Vallery sur Somme, & pareil nombre d'Officiers aux contre-mesurages de Paris, Nogent sur Seine, Chaalons, Amiens, Orleans & Baugency, Blois & Mer.

Verifié en la Chambre des Comptes & Cour des Aydes de Paris le 8. May 1634.

A ᴄ PARIS,

M. DC. XXXIIII.

EDICT DV ROY,

PORTANT CREATION

*& establissement de trois ses Conseil-
lers Gardes & Receueurs generaux du
sel; Trois aussi ses Conseillers Controlleurs generaux, vn Aduocat, vn Procureur de sa Majesté, & vn Greffier
en chacun des mesurages à sel de Rouën,
Caën, S. Vallery sur Somme, & pareil nombre d'Officiers aux contre-
mesurages de Paris, Nogent sur Seine,
Chaalons, Amiens, Orleans & Baugency, Blois & Mer.*

LOVYS PAR LA GRACE DE DE DIEV ROY DE FRANCE ET DE NAVARRE, A tous presens & à venir, Salut. Nous ayant esté remon-stré en nostre Conseil que l'vne des causes princi-pales d'où est procedé la mesvente qui s'est trou-uée dans les Greniers dependans de la Ferme ge-nerale des Gabelles de France durant le temps

qu'elle a esté tenuë & regie souz nostre Nom, est
l'abus que les Officiers des Greniers y ont commis, & particulierement ceux establis és mesurages & contre-mesurages des entrees & embou-
cheures des riuieres où le sel est mesuré à la mesu-
re de Paris, qui est celle establie en tous lesdits
Greniers, lesquels n'apportent le soin & la dili-
gence necessaire pour faire que les mesures soient
exactement faites aux voicturiers qui chargent le
sel à Rouën, Nantes & autres lieux dans leurs bateaux à bord de nauires & barques venans de la
mer pour mener dans les Greniers situez sur les riuieres, & iceluy descendre en iceux, & dans les
deposts, pour estre enuoyé par charroy és autres
Greniers qui se fournissent par terre, & de ce que
lesdits mesurages & contre-mesurages n'ont esté
establis suiuant l'ordonnance de l'année 1535. souz
pretexte des incommoditez que les Fermiers de
nos Gabelles, Marchans fournisseurs de nosdits
Greniers, voicturiers & autres entreprenans la
conduite dudit sel le long desdites riuieres disoient
en receuoir, dont ils auroient desslors fait leurs
plaintes en nostredit Conseil, sur lesquelles par
Declaration du troisiesme Septembre 1548. regi-
strée en nostre Cour des Aydes de Paris, il auroit
esté ordonné que les Officiers des contre-mesurages de Paris, Saumur & Angers ne feroient aucun
contre-mesurage effectif des sels qui seroient me-
nez sur les riuieres de Seine, Loire & Maine, pour
la fourniture des Greniers & deposts estans sur les-
dites riuieres, mais seulement par estimation : Et
neantmoins qu'ils seroient payez des droicts à eux

attribuez par nos Edicts & Ordonnances, tout
ainſi que ſi ledit ſel auoit eſté meſuré effectiuement: Laquelle Declaration a touſiours eſté obſer-
uée depuis ladite année 1548. iuſques à preſent, ſans
aucune diſcontinuatió, & ſans qu'il ait eſté pour-
ueu par nos predeceſſeurs ny nous aux Offices des
autres meſurages & contre-meſurages, & entr'autres à ceux de Rouën, Caën, S. Valery ſur Somme, Amiens, Nogent ſur Seine, Chaalons, Orleans & Baugency, Blois & Mer, qui ſont les lieux
les plus neceſſaires, & où il paſſe & deſcend plus
de ſel pour la fourniture de noſdits Greniers, &
que de la creation & eſtabliſſement deſdits Offices, meſmes de ceux d'vn contremeſurage audit
Paris, nous pourrions eſtre ſecourus d'vne nota-
ble ſomme de deniers en la preſente neceſſité de
nos affaires, dont Maiſtre Philippes Hamel à preſent adiudicataire general des Gabelles de France
ayant eſté aduerty, & aucuns des intereſſez en la
Ferme generale deſdites Gabelles ayans eſté ouys
audit Conſeil, & remonſtré les intereſts & preiu-
dice que nous receurions en ladite Ferme, & eux
durant le temps qu'ils ſeront Fermiers d'icelle, ſi
l'eſtabliſſement deſdits meſurages & contre-meſurages eſtoit fait, & particulierement ſi ledit contremeſurage de Paris ſe faiſoit effectiuement, il
leur oſteroit le moyen de faire la fourniture deſdits
Greniers, à cauſe du retardement qui en arriueroit,
& nous auroient requis de laiſſer l'affaire dans le
meſme eſtabliſſement qu'elle eſt à preſent, ſinon
& en cas que la neceſſité preſente de nos affaires
nous obligeaſt de nous ſeruir dudit moyen pour

recouurer les deniers dont nous auons befoin, que ce fuft à la charge que les Officiers qui feroient creez pour ledit contre-mefurage ne feroient autres fonctions que celle qui fe fait à prefent par les Officiers du Grenier de Paris, pour le fel qui paffe par ladite ville pour la fourniture des greniers qui font au deffus dudit Paris. Sçavoir faisons, Qu'apres auoir fait mettre cet affaire en deliberation en noftre Confeil, où eftoient plufieurs Princes de noftre fang, & autres grands & notables perfonnages d'iceluy : De nous certaine fcience, pleine puiffance & authorité Royale, Nous auons par noftre Edict perpetuel & irreuocable creé & erigé, creons & erigeons en tiltre d'Office formé & hereditaire, trois nos Confeillers Gardes & Receueurs generaux du fel, trois nos Confeillers Controlleurs generaux dudit fel, vn Aduocat, vn Procureur pour nous & vn Greffier en chacun des mefurages qui fe fait & fera à l'aduenir à Rouën, Caën & S. Vallery fur Somme pour tout le fel qui eft defcendu & mefuré efdits lieux, & pareil nombre d'Officiers és contre-mefurages de Paris, Nogent fur Seine, Chaalons, Amiens, Orleans & Baugency, Blois & Mer, pour le fel qui y paffera & fera mefuré pour eftre enuoyé aux Greniers qui fe fourniffent, par lefdits lieux : Aufquels Officiers de Rouën, Caën & S. Vallery fur Somme ainfi par nous creez, les Maiftres de Nauires feront tenus de reprefenter leurs chartes-parties & quarquaifons du fel par eux chargé en Broüage fur les marais ou ailleurs, lequel ils feront defcendre & mefurer actuellemét en leur prefence au minot eftallonné fur l'eftallon eftant en l'hoftel commun de noftre ville de Paris, dont ils tiendront bon & fidel regiftre, & en feront l'enuoy aux Officiers, pour lefquels lefdits fels feront deftinez par les adiudicataires & Fermiers fuiuant leurs breuets & refcriptions qu'ils expedierót & deliureront aux voituriers qui chargeront ledit fel addreffantes aux Officiers defdits Greniers, lefquels breuets & refcriptions pour le fel chargé montant contremont les riuieres de Seine, Marne & Yonne, & paffant à Paris pour la fourniture des greniers eftant au deffus dudit Paris, & de partie des Prouinces de Champagne & Bourgongne, lefdits voicturiers feront tenus de reprefenter aufdits Officiers prefentement creez audit lieu, pour eftre par eux ledit fel vifité auffi toft qu'il y fera arriué, & eftre dreffé procez verbal de l'eftat d'iceluy, foit en bannes, facs ou tonneaux, & de la quantité & qualité defdits facs ou tonneaux dans lefquels il aura efté chargé : Comme auffi des alleges dudit fel qui fe feront audit lieu de bateaux en autres, fans qu'il en foit fait aucun contremefurage, ains laifferont iceluy paffer de bout, ainfi qu'il fe fait à prefent par nos Officiers au Grenier à fel dudit Paris. De tout lequel fel paffant iceux Officiers tiendront bon & fidel regiftre : Enfemble defdits breuets & refcriptions qui leur feront ainfi reprefentées, au dos defquelles ils infereront le iour que ledit fel fera paffé, & en expedieront leurs certifications aufdits voicturiers addreffantes aux Officiers des Greniers, pour lefquels il fera deftiné, le tout en la mefme forme & maniere

qu'il se pratique à present par lesdits Officiers du
Grenier à sel de Paris, & qu'il se fait és contre-
mesurages d'Angers & Saumur, & par nos Officiers aussi créez par nostre Edict és contremesura-
ges de Nogent sur Seine, Chaalons, Amiens, Orleans & Baugency, Blois & Mer, sera contreme-
suré tout le sel qui leur sera enuoyé pour les Greniers qui se fournissent par lesdits lieux, dont ils
feront les descentes, releuemens & enuois, Sça-
uoir, ceux de Nogent sur Seine, pour les Greniers de Sezanne, Villemort, Troyes, Arcy sur
aube, Bar-sur-aube, Ioinuille, Beaufort, Mussy,
Langres, Montsaulgeon, Bar sur-seine & Chastil-
lon : Ceux de Chaalons pour les Greniers de Vi-
try, Sainct Dizier & saincte Manehould : Ceux
d'Amiens pour les greniers de Corbie, Peronne,
Sainct Quentin, Montdidier, Roye, Granduil-
liers, Aumale & Beauuais : Ceux d'Orleans & Baugency pour Ianuille, Pithiuiers, Chasteaudun,
Brou & Bonneual : Ceux de Blois & Mer pour
Chiuerny, Vendosme, Montoire, Mondoubleau
& sainct Calais : De tous lesquels mesurages, descentes, releuemens & enuois, lesdits Officiers tiendront bon & fidel regiftre, & en deliureront à nostre Fermier ou ses Commis, leurs certifications
toutesfois & quantes qu'ils en feront requis : Auront lesdits Gardes & Controolleurs des mesurages de Roüen, Caën & Sainct Vallery sur Somme, & contre-mesurage de Nogent sur Seine, Cha-
lons, Amyens, Orleans & Baugency, Blois & Mer,
chacun vne clef des greniers & deposts ou lesdits
sels seront mis & descendus, dont ils se chargeront

& de

& demeureront refponfables fuiuant nos Ordonnances. Seront tenus lefdits voituriers qui auront
conduit lefdits fels de rapporter aux Officiers defdits mefurages les certifications des Officiers des
Greniers de la defcente & liuraifon qu'ils en auront faite efdits lieux, & où il arriuueroit quelques
abus & maluerfations, tant au fait defdits mefurages & contre-mefurages, fel paffant, defcentes, re-
feuements & enuoys, qu'en la conduitte & voiture
defdits fels par les voituriers ou autres. Les procez
verbaux qui en feront faits, feront reprefentez aufdits Officiers prefentement créez, dans le reffort
defquels lefdits abus & maluerfations auront efté
commis pour eftre par eux iugé fuiuant le regle-
ment de l'an 1535. que lefdits Officiers adiudicataires, voituriers & delinquants feront tenus de garder & obferuer, Aufquels Officiers pour leur don-
ner moyen de nous feruir fidellement, & vacquer
affiduellement en perfonne à l'exercice de leurs
charges: Nous auons attribué & attribuons, tant
en leur année d'exercice que hors d'icelle, les gages & droicts hereditaires qui enfuiuent: A fça-
uoir, aux trois Gardes eftablis au mefurage de
Roüen, chacun quatre cens liures de gages & deux
deniers pour minot de tout le fel qui fera par eux
mefuré audit lieu, Aux trois Controolleurs chacun trois cens liures de gages & deux deniers
auffi pour minot de fel, A nos Aduocat &
Procureur chacun cent liures de gages, & vn denier pour minot, & au Greffier deux cens liures de
gages, & deux deniers pour minot, Aux trois Gardes eftablis aux mefurages de Caën chacun trois
cens liures de gages, & deux deniers pour minot,

Aux trois Controolleurs chacun deux cens liures de gages, & deux deniers auſſi pour minot, A nos Aduocat & Procureur chacun cent liures de gages, & vn denier pour minot, & au Greffier deux cens liures de gages, & deux deniers pour minot, Aux trois Gardes eſtablis au meſurage de ſainct Vallery ſur Somme chacun deux cens liures de gages, & deux deniers pour minot, Aux trois Controolleurs chacun cent cinquante liures de gages, & deux deniers auſſi pour minot, A nos Aduocat & Procureur chacun ſoixante quinze liures de gages, & vn denier pour minot, & au Greffier cent liures de gages, & deux deniers pour minot, Aux trois Gardes eſtablis au contremeſurage de Paris chacun ſept cens liures de gages & quatre deniers pour minot, de tout le ſel qui paſſera par ledit lieu, Aux trois Controolleurs chacun cinq cens liures de gages & quatre deniers auſſi pour minot, A nos Aduocat & Procureur chacun trois cens liures de gages & deux deniers pour minot, Au Greffier cinq cens liures de gages & quatre deniers pour minot, Aux trois Gardes eſtablis au contremeſurage de Nogēt ſur Seine chacun deux cens liures de gages, & trois deniers pour minot de tout le ſel qui ſera contremeſuré audit lieu, Aux trois Controolleurs chacun cent cinquante liures de gages, & trois deniers pour minot, A nos Aduocat & Procureur chacun ſoixante quinze liures de gages & vn denier pour minot, & au Greffier cent liures de gages & trois deniers pour minot: Aux trois Gardes eſtablis au contremeſurage de Chaalons chacun trois cens liures de gages & trois deniers pour minot de tout le ſel qui ſera contremeſuré audit

lieu, Aux trois Controolleurs chacun deux cens
liures de gages & trois deniers auſſi pour minot,
A nos Aduocat & Procureur chacun cent liures
de gages & vn denier pour minot, & au Greffier
deux cens liures de gages & trois deniers pour minot, Aux trois Gardes eſtablis au contremeſurage d'Amiens chacun trois cens liures de gages, &
trois deniers pour minot de tout le ſel qui ſera
contremeſuré audit lieu, Aux trois Controolleurs chacun deux cens liures de gages & trois deniers pour minot, A nos Aduocat & Procureur
chacun cent cinquante liures de gages & vn denier pour minot, & au Greffier cent liures de
gages & trois deniers pour minot, Aux trois
Gardes eſtablis au contremeſurage d'Orleans
& Baugency chacun quatre cens liures de gages & trois deniers pour minot de tout le ſel
qui ſera par eux contre-meſuré, Aux trois
Controolleurs chacun trois cens liures de gages & trois deniers pour minot, A nos Aduocat & Procureur chacun cent cinquante liures
de gages & vn denier pour minot, & au Greffier
deux cens liures de gages & trois deniers pour minot, Aux trois Gardes eſtablis au contre-meſura-
ge de Blois & Mer, chacun deux cens liures de gages & trois deniers pour minot de tout le ſel qui
ſera par eux contremeſuré, Aux trois Controolleurs chacun pareils gages de deux cens liures &
trois deniers pour minot, A nos Aduocat & Procureur chacun cent liures de gages & vn denier
pour minot, & au Greffier deux cens liures de gages & trois deniers pour minot : Leſquels gages

Nous voulons eſtre payez auſdits Officiers par les
Adiudicataires & Fermiers de nos Gabelles ou leurs
Commis de quartier en quartier ſoubs leurs ſim-
ples quittances, & deſdits droiĉts par les voituriers
à meſure que le ſel paſſera ou ſera meſuré eſdits
meſurages & contremeſurages, ainſi que noſdits
Officiers au meſurage d'Ingrande de preſent trans-
feré aux Ponts de Cée, outre les expeditions des
breuets, reſcriptions & autres aĉtes qui ſeront par
eux deliurez, pour leſquels & pour leurs aſſiſtan-
ces, leur ſera payé pareils droiĉts que ceux dont
joüiſſent ſemblables Officiers audit meſurage
d'Ingrande, joüiront en outre leſdits Officiers de
pareils honneurs, priuileges, preéminences, fran-
chiſes & libertez dõt joüiſſent les Officiers de nos
Greniers, Et pour rēbourſer & deſdõmager leſdits
Adiudicataires & Fermiers de la ſomme à laquelle
pourront monter par chacun an leſdits gages & du
pariſis deſdits droits & aſſiſtance attribuée auſdits
Officiers deſdits meſurages & cõtremeſurages par
le preſent Ediĉt, dont ils doiuent eſtre rembourſez
à la vente du ſel és Greniers, ainſi que nous leur
auons accordé par le ſeptieſme article de leur bail :
Voulons & ordonnons qu'il ſoit impoſé & leué
cy-apres & à touſiours, à commencer au premier
iour d'Auril prochain cinq ſols ſur chacun minot
de ſel qui ſe vendra & diſtribuera en tous les Greniers du reſſort de la Cour des Aydes de Paris, par
augmentation ſur le prix de Marchand, outre & par
deſſus le prix qu'il ſe vend à preſent. Leſquels
cinq ſols pour minot demeureront entierement au
profit deſdits Adiudicataires & Fermiers ſans qu'ils
ſoient tenus de nous en rendre aucune choſe, ny

d'en compter en nos Chambres des Comptes ny ailleurs, moyennant le payement qu'ils seront tenus de faire ausdits Officiers de leurs gages & droicts cy-dessus specifiez en nostre acquit : SI DONNONS en mandement à nos amez & feaux Conseillers les gens de nos Comptes & Cour des Aydes à Paris, Presidens, Tresoriers de France & generaux de nos Finances des generalitez qu'il appartiendra : Que nostre present Edict ils facent lire, publier & registrer, & le contenu en iceluy inuiolablement garder & obseruer de poinct en poinct selon sa forme & teneur, faisant joüir les pourueus desdits Offices des gages & droicts y attribuez pleinement, paisiblement & hereditairement, cessant & faisant cesser tous troubles & empeschemens au contraire : Nonobstant oppositions ou appellations quelconques, desquelles si aucunes interuiennent, Nous auons reserué la cognoissance à Nous & à nostre Conseil, & icelle interdicte à toutes nos Cours & Iuges, Nonobstant aussi tous Edicts, Declarations, Reglemens, Arrests & Lettres à ce contraires, ausquels & aux derogatoire des derogatoires y contenuës : Nous auons derogé & derogeons par ces presentes. CAR tel est nostre plaisir, & afin que ce soit chose ferme & stable à tousiours, Nous y auons faict mettre & apposer nostre seel, sauf en autres choses nostre droict & l'autruy en toutes : DONNE' à sainct Germain en Laye, au mois de Feurier l'an de grace mil six cens trente-quatre : Et de nostre regne le vingt-quatriesme. Signé, LOVIS, Et plus bas, Par le Roy, DE LOMENIE, & à costé est escrit, VISA.

Leu publié & regiſtré en la Chambre des Comptes, ouy le Procureur general du Roy, par le commandement de ſa Majeſté, porté par Monſieur le Comte de Soiſſons, grand Maiſtre de France, Gouuerneur & ſon Lieutenant general en Dauphiné, aſſiſté du ſieur Duc de Chaulnes, & des ſieurs de Leon & Tallon, Conſeillers de ſa Majeſté en ſes Conſeils d'Eſtat & Priué, le 8. May 1634. Signé BOVRLON.

Leu, publié & regiſtré par le commandement du Roy, porté par Monſieur le Comte de Soiſſons, aſſiſté du ſieur Mareſchal de Chaulnes, & des ſieurs de Leon & Tallon Conſeillers au Conſeil d'Eſtat de ſa Majeſté: Ouy, & ce requerant le Procureur general. A Paris en la Cour des Aydes, les Chambres aſſemblees, le Lundy huictieſme iour de May 1634. Signé BOVCHER.

Collationné aux Originaux par moy Conſeiller Secretaire du Roy & de ſes Finances.